L'AMITIÉ SELON
PRÉVERT

Relecture : Marie Delaby
Conception graphique : Agnès Dahan,
assistée de Raphaëlle Picquet

4, impasse de Conti – 75006 Paris
www.editionstextuel.com

ISBN : 978-2-84597-454-8
Dépôt légal : octobre 2012

CAROLE AUROUET

L'AMITIÉ SELON PRÉVERT

textuel

« MOI, JE M'ENTENDS BIEN AVEC MOI-MÊME. JE SUIS UN DE MES MEILLEURS AMIS. »

Jacques Prévert[1]

L'art de l'amitié

Pour Jacques Prévert, l'amitié est fondamentale. Elle se noue en un regard. D'un battement de cils, il sait reconnaître un nouvel ami. L'illustratrice Jacqueline Duhême a connu Prévert alors qu'elle faisait ses classes auprès d'Henri Matisse, pour la création de la chapelle du Rosaire de Vence. Elle résume très bien la genèse des amitiés prévertiennes: «Il juge d'avance les gens qu'il voit pour la première fois. Il donne l'impression de les connaître depuis longtemps, aussi son premier contact est-il d'emblée amical ou pas.» Là est la quintessence; inutile de tergiverser: avec Jacques Prévert, l'amitié naît d'un coup de cœur, d'une reconnaissance instinctive, presque viscérale.

Et Duhême ajoute: «Lorsque Jacques a donné son amitié, elle reste solide et fidèle. Il ne compte pas le temps donné à ses amis, mais il exige en retour une loyauté sans faille[2].» À cette fulgurance initiale succède en effet une fidélité amicale de toute une vie. Les rencontres de jeunesse ne se sont jamais démenties, jusqu'aux derniers souffles des uns et des autres: le créateur de la collection «Série noire» Marcel Duhamel et le peintre Yves Tanguy, rencontrés durant le service militaire; les surréalistes André

Breton, Robert Desnos, Raymond Queneau, avec qui Prévert s'est lié entre 1924 et 1930; les membres du groupe Octobre, la troupe théâtrale pour laquelle Prévert écrit de 1932 à 1936: Yves Allégret, Maurice Baquet, Jean-Louis Barrault, Louis Bessières, Jacques-Bernard Brunius, Margot Capelier, Paul Grimault, Jean-Paul Le Chanois, Suzanne Montel, etc. Compagnons des bons jours, compagnons des mauvais jours, compagnons pour toujours.

L'une des caractéristiques de l'amitié prévertienne est de ne pas être exclusive. Elle est en effet joyeusement contagieuse, si bien que se constitue une véritable «bande à Prévert». Autour d'un verre, voire de plusieurs, les liens se tissent. Et les amis des amis deviennent de nouveaux amis! De tous âges, de toutes catégories sociales, de toutes nationalités et des deux sexes, telle est l'amitié selon Jacques Prévert. Sa fille Michèle collectionne les dessins de Jean-Paul Goude, qui sont édités tous les lundis dans *Le Figaro*. Tout naturellement, le jeune dessinateur est convié à la table familiale. Goude témoigne: «Jacques m'a appris à ne pas avoir de préjugés. Tout le monde était bienvenu chez les Prévert. Qu'on soit savant, clochard ou duchesse, Jacques s'adressait à tous de la même façon, avec la même simplicité, le même enthousiasme[3].» Effectivement, sont invités jeunes et moins jeunes, artistes inconnus et célèbres, hommes et femmes modestes et fortunés, venant de toutes les contrées du monde. Aucune discrimination pour faire partie du cercle amical, seules comptent la vérité des sentiments et la loyauté des relations. L'amitié paraît si simple et naturelle. Marcel Mouloudji se souvient qu'«il advenait que la femme de l'un devînt celle de l'autre sans que cela ne provoquât de drame cosmique[4]». D'abord marié à Simone, qui deviendra la femme de son ami Louis Chavance, Jacques épousera Janine, auparavant unie à son copain Fabien Loris.

Cette amitié est fondée sur le partage. Jacques Prévert aide ceux qui sont dans le besoin. Le décorateur Alexandre Trauner raconte : « Quand Jacques gagnait de l'argent, il y en avait pour tout le monde. Quand le robinet se fermait il n'y en avait pour personne[5]. » Cette solidarité est aussi courageusement agissante. Prévert et ses proches permettent à Alexandre Trauner et au compositeur Joseph Kosma, tous deux juifs, de travailler clandestinement aux *Visiteurs du soir* (1942, Marcel Carné) et aux *Enfants du paradis* (1945, Marcel Carné). Ils œuvrent cachés dans la montagne près de Tourrettes-sur-Loup. Et Prévert, qui mesure combien les premiers pas peuvent être difficiles, aide les débutants à se lancer : le chanteur et acteur Marcel Mouloudji, le peintre Gérard Fromanger, le peintre Antoine Malliarakis (dit Mayo) – qui deviendra costumier pour le 7e art –, le journaliste André Pozner avec qui il s'entretient pour donner naissance au livre *Hebdromadaires* (1972)...

Cette amitié est fructueuse au niveau artistique, les amis devenant souvent des compagnons de création. Prévert le scénariste écrit ou coécrit des films avec entre autres Jean Aurenche et Pierre Laroche ; ils sont réalisés par Marcel Carné, Christian-Jaque, Jean Grémillon, Paul Grimault, Joris Ivens, etc. Prévert invente des personnages pour des acteurs, qui sont ses amis : Arletty, Maurice Baquet, Jean-Louis Barrault, Sylvia Bataille, Pierre Brasseur, Raymond Bussières, Alain Cuny, Jean Gabin, Michèle Morgan, etc. Il confectionne des livres en collaboration avec les dessinateurs, les photographes, les peintres : Jacqueline Duhême, André François, Elsa Henriquez, Brassaï, Peter Cornelius, Izis, André Villers, Ylla, Marc Chagall, Joan Miró, Pablo Picasso, etc. Il devient une sorte d'égérie des photographes, et notamment de Robert Doisneau. Il voit ses textes mis en musique et chantés par Juliette Gréco, Yves Montand, Édith Piaf, Cora Vaucaire, Serge Reggiani, etc. Jacques Prévert – qui affirmait que si la paresse est la mère de tous les vices, le travail doit être le père – ne peut envisager le travail que comme une entreprise collective, dans le partage et l'amitié.

Les éphémérides enluminées

La galaxie amicale de Jacques Prévert est cartographiée sur ses éphémérides enluminées. La script Jeanne Witta raconte: «Jacques écrivait sur du papier de très grand format. Son bureau s'ornait toujours de sept feuilles chacune ornée par lui d'un dessin de fleur de couleur vive, sur lesquelles il inscrivait ses rendez-vous et l'adresse des galeries où ses amis peintres le conviaient pour un vernissage[6].» En guise d'agenda, Prévert utilise en effet de grandes feuilles de papier blanc qu'il achète le plus souvent chez Lavrut, 52 passage Choiseul dans le IIe arrondissement. Cette papeterie inaugurée le 1er avril 1922 s'est enrichie avec les années d'articles de beaux-arts et est devenue l'un des fournisseurs attitrés de Prévert, qui illustrait les chèques qu'il y déposait de petits bonshommes et de petits diables.

Sur son support Prévert met en œuvre un même procédé préliminaire: il dessine pour chaque jour de la semaine une immense fleur multicolore, dont la forme et la couleur ne sont jamais semblables. Il la positionne au centre, ou légèrement à droite. Parfois, il lui arrive d'en esquisser plusieurs sur la même page. Les fleurs croquées sont le plus souvent piquantes, vives et colorées. Prévert n'aime pas la pensée, «la plus triste et la plus morne de toutes les fleurs de la terre[7]» (il joue bien sûr avec l'homonymie). En revanche, il adore l'adonide, cette plante herbacée aux fleurs rouges; c'est d'ailleurs le nom qu'il donne à l'ouvrage qu'il réalise avec Joan Miró en 1961. Il arrive qu'un personnage se substitue à une fleur; c'est rare.

Sur ces pages ainsi illustrées, Prévert inscrit en haut le jour de la semaine, parfois précisé d'un chiffre mais jamais du mois ni de l'année. Une exception: le «4 février 1961»; il fête ses 61 ans. Les lettres des jours de la semaine sont fréquemment rehaussées de couleurs; certaines sont tracées artistiquement. Picasso trouvait un talent de peintre à Prévert dans la manière dont il composait ses couleurs et ses formes, notamment quand il confectionnait ses collages. Ce talent se vérifie avec les éphémérides. Parfois, les éléments permettent de dater ces pages. L'une d'entre elles mentionne «Les Primitifs du XIII»; il s'agit d'un court-métrage de Pierre Guilbaud, avec un commentaire de Jacques Prévert, sorti en 1959. Sur une autre est écrit: «Michèle 14»; la fille de Jacques a eu 14 ans le 16 novembre 1960. «BB» apparaît sur une autre éphéméride; c'est bien de Brigitte Bardot qu'il est question: elle joue en 1961, aux côtés d'Alain Delon et Jean-Claude Brialy, dans le sketch «Agnès Bernauer» écrit par Prévert pour le film *Les Amours célèbres* de Michel Boisrond. Sur une autre encore est inscrit «Petit Klaus»: Pierre et Jacques Prévert travaillent en 1964 à un moyen-métrage pour la télévision, *Le Petit Claus et le Grand Claus*, à partir du conte d'Andersen. Sur une autre enfin figure «renépreuves Fatras», mot-valise qui désigne les épreuves de *Fatras*, son recueil de textes et de collages édité grâce à René Bertelé en 1966. Quand Prévert a-t-il commencé à utiliser ainsi les éphémérides? Difficile à dire. Toujours est-il que celles parvenues jusqu'à nous couvrent une décennie: de la fin des années 1950 à la fin des années 1960. C'est la période durant laquelle il pratique un peu moins le nomadisme et demeure cité Véron, place Blanche, au-dessus du Moulin Rouge; il a alors pour voisin Boris Vian.

Prévert utilise parfois le dessin pour signifier la nature de son rendez-vous, ou désigner la personne qu'il va rencontrer. Ainsi trouve-t-on une assiette, des couverts, un verre et une bouteille pour un déjeuner ou un dîner; ou encore une petite tasse pour un café. Un chat jaune est souvent représenté; il s'agit de Paul Grimault, que Prévert surnomme «le bon chat jaune». Un petit soleil illustre bon nombre d'éphémérides; c'est Henri Crolla, que Prévert appelle «le petit soleil». Son deuxième surnom, plus répandu, est «mille-pattes», tant ses doigts courent vite sur les cordes de sa guitare; Prévert l'utilise également.

Ces codes cryptiques déchiffrés, notons la présence des mots-valises, des mots collés, d'une orthographe phonétique qui semble parfois préfigurer les SMS : « renépreuves », « Telecrolla », « Mag » pour le galeriste Maeght, « Trau » pour Alexandre Trauner, « Moulou » pour Marcel Mouloudji, « Piero » pour son frère Pierre... Et comme Prévert ne se prend jamais au sérieux, les facéties sont nombreuses. Il prévoit par exemple de voir « Piero di Preverto », de « frapper Janine », de « fesser Michele », de « boire un verre », de « faire autocritique », de « regarder manteaux pour jarine. (bien chaud. bien chaud.) », au même titre que de passer à la « pharmacie », d'aller chez le « teinturier » ou l'« opticien ». Parfois, le rendez-vous est barré quand il est passé. Les vernissages sont fréquents, et les noms des peintres et galeristes mentionnés sont nombreux : Georges Braque, Max Ernst, Gérard Fromanger, Alberto Giacometti, Aimé Maeght, Joan Miró, Constantin Nepokotchisky (dit Nepo), Max Papart, Pablo Picasso, Victor Vasarely, etc.

Ces éphémérides dressent une carte du ciel amical de Jacques Prévert. Une bien belle constellation ! Certaines de ces étoiles qui ont brillé aux côtés de Jacques Prévert durant le XXe siècle sont rallumées dans cet ouvrage.

---

1. *Mon frère Jacques* (1961), film de Pierre Prévert, DVD Doriane Films, nouvelle version restaurée par Catherine Prévert, 2004.
2. Jacqueline Duhême, *Line et les autres*, Paris, Gallimard, 1986, p. 178.
3. *Beaux-Arts Magazine*, hors-série dans le cadre de l'exposition de l'Hôtel de Ville de Paris : *Jacques Prévert : Paris la belle*, 2008, p. 50.
4. Marcel Mouloudji, *Le Petit Invité* (1989), Paris, France Loisirs, 1990, p. 118.
5. Alexandre Trauner, *Décors de cinéma : entretiens avec Jean-Pierre Berthomé*, Paris, Jade / Flammarion, 1988, p. 57.
6. Jeanne Witta, *La Lanterne magique : mémoires d'une script*, Paris, Calmann-Lévy, 1980, p. 5.
7. « Fleurs et Couronnes », *Paroles*, in Jacques Prévert, *Œuvres complètes*, t. I, Paris, Gallimard, coll. « Bibliothèque de la Pléiade », 1992, p. 43-44.

LVNDI

BETTINA [illegible]
Telecrolla

[illegible] ① Neto
② [illegible]

[illegible]

[illegible]

[illegible]

[illegible]

rené - [illegible]

[illegible]

Mardi 10

Clésenne ?

PIEDS

GIQUEL 10 $

TRI 51.14

Cassé _ 11h 1/4

4 h 30

Braun

Entre 6 et 7

Dr Hirsch

Cele ERNEST

Colette

SAMEDI 1

PUCES

dîner Jacqueline

MARDI

ARLETTY

Garance, «c'est le nom d'une fleur»

En 1938, après avoir visionné *Le Quai des brumes*, Arletty a très envie de travailler «avec ce grand poète[1]» qu'est Jacques Prévert. Or, Marcel Carné a repéré l'actrice depuis qu'il l'a rencontrée sur le tournage de *Pension Mimosas* (1935), lorsqu'il était l'assistant de Jacques Feyder.

L'année suivante, Arletty est à l'affiche du quatrième film de Carné et Prévert: *Le jour se lève*. Elle donne la réplique à Jules Berry, Jean Gabin et Jacqueline Laurent, qui est alors la compagne de Prévert. L'amitié entre Arletty et ce dernier se noue d'emblée. Elle sera indéfectible.

Dans *Les Visiteurs du soir*, elle incarne Dominique, une créature du Diable envoyée sur terre pour désespérer les humains. Et puis Prévert lui écrit l'un des plus beaux rôles féminins du cinéma français, celui de Garance dans *Les Enfants du paradis*. Le scénariste a coutume d'inventer ses personnages pour des comédiens, qui sont la plupart du temps ses amis. Il est alors soucieux de créer et de proposer à Arletty un rôle parfaitement adapté à sa personnalité, qu'elle pourra incarner avec force et charme, et servir par sa gouaille parisienne si singulière. L'actrice se souvient qu'elle a «passé la nuit à lire ce chef-d'œuvre», et que le lendemain, elle s'est exclamée: «On n'a pas le droit de rater un truc pareil[2]!» Elle a donc eu de suite conscience que c'était «un merveilleux cadeau de M. Prévert[3]!» Avec le recul, elle ajoute: «C'est vraiment le plus joli rôle de femme. Je n'en vois pas qui ait eu un rôle pareil. Greta Garbo n'a pas eu la chance d'avoir *Les Enfants du paradis*[4].» Quant à Prévert, il déclare en 1965 que de tous les films auxquels il a travaillé, il préfère *L'affaire est dans le sac* de son frère Pierre et *Les Enfants du paradis*. Pourquoi *Les Enfants du paradis*? «Peut-être à cause d'Arletty[5].»

Le scénariste écrit d'autres rôles pour l'actrice, mais malheureusement elle ne peut les interpréter car les projets avortent: *La Lanterne magique* (1941), *Sylvie et le fantôme* (1942), *La Fleur de l'âge* (1947)... Ce sont à chaque fois des personnages féminins forts et indépendants, et aucunement des faire-valoir des personnages masculins, comme le cinéma de l'époque en proposait fréquemment. Prévert a toujours lutté contre la misogynie et utilisé les arts pour défendre ses idées.

Alors que les Forces françaises de l'intérieur l'arrêtent quai de Conti le 20 octobre 1944 car elle a eu une relation avec un Allemand, Arletty déclare: «Mon cœur est français, mon cul est international[6]!» La réplique n'est pas de Prévert, mais il ne l'aurait sans doute pas reniée. Elle en dit long en tout cas sur la femme qu'était Arletty.

«Notre affection à nous deux n'a jamais été abîmée par rien. C'est à marquer d'une pierre blanche. C'est assez rare tout ça [...]. J'ai dit mon sentiment: l'homme peut se passer d'estime, l'amitié pas[7]!» confie Arletty. Les deux êtres s'aiment et s'estiment en effet beaucoup. Jacques admire profondément l'actrice, mais peut-être plus encore la femme, tellement libre et émancipée.

---

1. Michel Souvais, *Arletty: de Frédérick Lemaître aux «Enfants du paradis»*, Paris, Dualpha, 1999, p. 70.
2. *Ibid.*, p. 102.
3. *Ibid.*, p. 14.
4. *Mon frère Jacques* (1961), film de Pierre Prévert, *op. cit.*
5. *Image et Son*, n° 189, décembre 1965, p. 11.
6. Michel Souvais, *Arletty*, *op. cit.*, p. 102.
7. *Ibid.*, p. 14.

Jeudi 25

~~10 heures
cassé~~

~~11 heures
Arturo et
sa petite femme~~

~~11 heures
le jour se lève~~

~~2 h montée / 4
livre de poche~~

7 h 30
Jolas et Maury
des monstres

MARDI

9 h 30
Les Prunelles du XIII

le bon 

2 h Noël

6 h à 6 h 30
[illegible]

tête
jeune
de l'éditeur
du
fils

Léibo de Brunius

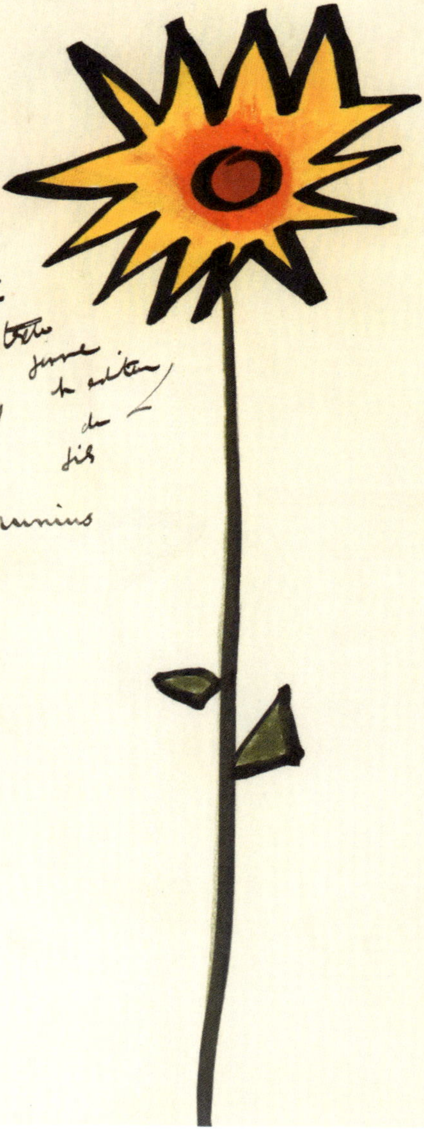

MERCREDI
1 Mai

MAURICE BAQUET

L'homme-orchestre

Maurice Baquet fait partie des comédiens de la «bande à Prévert». Les deux hommes se sont rencontrés en 1933: «Un certain jour de décembre 1933 on sonna à la porte du rez-de-chaussée que j'habitais rue des Feuillantines [V^e arrondissement de Paris]. J'ouvris la porte. Il neigeait à gros flocons. Je vis dans la rue grise, car la nuit arrivait aussi, trois silhouettes, deux causantes: Marcel Duhamel, Yves Allégret et un peu plus loin, cigarette au bec, Jacques Prévert. Les présentations furent vite faites. On se connaissait très bien sans s'être jamais vus. C'était ainsi à cette époque. Les trois gaillards, très bien habillés – l'élégance était dans les mœurs des surréalistes – revenaient de Moscou, où avec le groupe Octobre, qui appartenait à la FTOF (Fédération du théâtre ouvrier de France), ils venaient de triompher aux Olympiades théâtrales[1].» L'amitié se noue de suite.

Le premier film de Maurice Baquet est scénarisé par Jacques Prévert, d'après une adaptation d'une nouvelle de Charles Radina, et réalisé par Albert Valentin. Il s'agit de *Taxi de minuit*, qui sort en salles en 1935. Le comédien endosse le rôle de Fred, un affable chauffeur de taxi amoureux d'une femme chef d'orchestre victime d'un chantage. Une coquille au générique est probablement la cause de l'absence de ce long-métrage dans bon nombre de filmographies du scénariste. Pour le scénario est en effet crédité «Jacques Prevere».

Baquet est une figure récurrente des films de Prévert, et notamment de ceux des frères Prévert: outre *Le Crime de Monsieur Lange* (1935) de Jean Renoir, il est à l'affiche d'*Adieu*...

Léonard! (1943), de *Voyage surprise* (1946) et du téléfilm *Le Petit Claus et le Grand Claus* de Jacques et Pierre.
Maurice Baquet est aussi violoncelliste. Il a été l'associé de Pablo Casals ; il a enseigné la pratique de cet instrument dans de nombreux conservatoires d'Île-de-France ; il a créé – aux côtés de Francis Lopez, Luis Mariano et Tino Rossi – une dizaine d'opérettes : *Andalousie* (1947), *Le Temps des guitares* (1963), *Gipsy* (1971), etc. Il rend souvent visite, accompagné de son violoncelle, à son ami Jacques, qui aime l'écouter jouer.
Mais l'homme a encore une autre corde à son arc : il est alpiniste. En juillet 1956, il réalise la première ascension de la face sud de l'aiguille du Midi avec Gaston Rébuffat. Associant ses passions pour les hauteurs et pour le cinéma, il coproduit et interprète notamment *Étoiles et Tempêtes*, qui reçoit le Grand Prix du cinéma de montagne et d'aventures à Trente en Italie.
À l'occasion de la sortie de l'un des disques de Maurice Baquet, Jacques lui offre ces quelques mots, en témoignage de sa vive et fidèle amitié : « Vous / qui souvent, de concert, allez au concert entendre un concert / écoutez aussi celui-ci / Maurice Baquet et son violoncelle sont deux frères siamois / qui se jouent de la musique. / Cela ne veut pas dire qu'ils se moquent. / On ne se moque pas de ce qu'on aime / Maurice Baquet depuis toujours aime la musique / et c'est un amour partagé. / C'est pourquoi la musique, il la fait rire, sourire, danser. / Il a la vie dans le corps et son violoncelle / Même quand l'air est classique n'a / jamais la mort dans l'âme. / Louis Bessières et Riri Cording, en joyeux drilles / les accompagnent à merveille[2]. »

---

1. Lettre de Maurice Baquet à l'auteur, 1999.
2. Maurice Baquet, *On dirait du veau*, Lyon, Jacques-Marie Laffont, 1979, p. 137-138.

JEUDI
PAUL
RADIO
Fontaine ?
ce soir

① 10 L 30
WICHARD

VENDREDI

① ARÑAUD
PUA

chagall

Jm

Pyrios

René

ARMEC

Mardi 26

télé pour
Bettina

Tout ... Tallis
...

1 h 30
Versailles

passer rue Vigny

5 h 12 05
et Israel

6 h Vita

Jean Paul gaude

LUNDI

Serge Reggiani
10 h.
~~Doisneau~~

Rubinat
et del ...

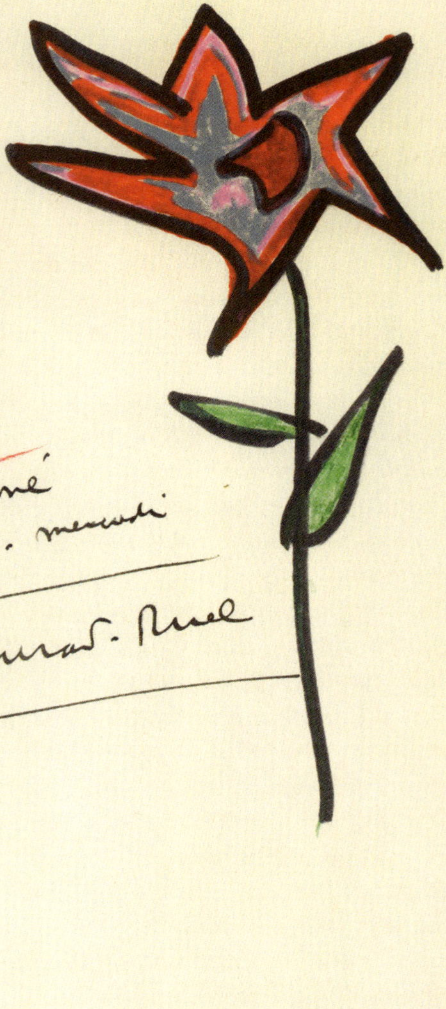

télé René
mercredi

télé Durand-Ruel

RENÉ BERTELÉ

L'Éditeur majuscule

Jacques Prévert n'a jamais voulu que ses textes soient publiés ; chaque demande d'éditeur a été accueillie par une fin de non recevoir. Certains ont certes paru dans des revues. En novembre 1929, « Un peu de tenue ou l'Histoire du Lamantin » est publié dans le numéro 18 de *Transition*, revue éditée par Eugène Jolas. En décembre 1930, « Souvenirs de famille ou l'Ange garde-chiourme » paraît dans le numéro 7 de *Bifur*, dont Georges Ribemont-Dessaignes est le rédacteur en chef. L'année suivante « Tentative de description d'un dîner de têtes à Paris-France » est publié dans *Commerce* (cahier XXVIII) de Paul Valéry, Léon-Paul Fargue et Valery Larbaud. Ces écrits marquent les lecteurs. Enthousiastes, ils s'emparent des textes de Prévert et fabriquent des brochures qui circulent notamment dans les « auberges de jeunesse », illuminant les veillées. Pourquoi un tel refus d'être édité de la part de l'auteur ? « Ça me compliquait l'existence », confie-t-il dans *Mon frère Jacques*[1].

Un jour, alors qu'il se promène boulevard Saint-Germain, il rencontre un ami décorateur de cinéma, Robert Clavel. Ce dernier lui transmet les coordonnées de René Bertelé, qui souhaite éditer ses poèmes. Sans savoir pourquoi, Prévert se décide à l'appeler… et accepte sa proposition !

Professeur de français, Bertelé a brièvement croisé Prévert dans le Sud de la France en 1942, dans les milieux de la Résistance. En 1944, il fonde sa propre maison d'édition, Le Point du Jour. C'est Henri Michaux qui lui conseille d'éditer les textes du poète, qu'il admire beaucoup.

Bertelé réunit les écrits dispersés de Prévert : ceux publiés dans des revues ; d'autres offerts à des amis ; d'autres encore qui somnolent dans des tiroirs. Il essaie de les organiser à peu près chronologiquement. Le titre choisi est *Paroles*. Pourquoi ? Probablement car « les écrits s'envolent, les paroles restent », comme l'écrit Prévert dans « Drôle d'immeuble ».
Achevé d'imprimé le 20 décembre 1945, le recueil de 225 pages est doté d'une couverture atypique pour l'époque : une photographie d'un graffiti de Brassaï. Jacques Prévert et *Paroles* sont inscrits en rouge à la main. Le succès est fulgurant. Le public est d'emblée conquis par cette poésie libre et populaire, qui aborde les sujets du quotidien et oxygène la vie. Outre les thèmes traités, le recueil détonne au niveau de la forme et du style. On y trouve des textes courts, des chansons, des histoires, des instantanés, des inventaires... Et Prévert tord le cou aux règles de versification classique. En une semaine 5 000 exemplaires sont achetés. En un an, 25 000. Le 25 juin 1947, une nouvelle édition, augmentée de seize textes, est publiée. En 1949, Le Point du Jour passe sous l'égide de Gallimard et *Paroles* sort à la NRF/Point du Jour, avant d'être édité en Livre de Poche à partir de 1957.
René Bertelé est « l'Éditeur » de Jacques Prévert ; son intervention a permis de donner à l'œuvre une portée considérable. Grâce à lui virent le jour d'autres recueils : *Histoires* (1946), *Spectacle* (1951), *La Pluie et le beau temps* (1955), *Histoires et d'autres histoires* (1963), *Fatras* (1966)... En septembre 1972, *Choses et autres* paraît. C'est le dernier livre de Prévert édité par Bertelé, qui décède l'année suivante.

1. *Mon frère Jacques* (1961), film de Pierre Prévert, *op. cit.*

LUNDI
VITA
TANTÔT
8h15
8h30
TURBIGO

18
BRUNET
QUENEAU
12
ARMEL

DIMANCHE
BRASSAÏ

VENDREDI

27

tôt

atelier
mégève
atelier école – Patisserie ?

atelier
Pierrolles

pour samedi

2 lunettes
Maltete

coll. Jammé

Vernissage mille

tele Brassens

PIERRE BRASSEUR

L'acteur-poète

Jacques Prévert et Pierre Brasseur font connaissance au sein du mouvement surréaliste, vers 1925. Brasseur est alors un jeune poète de 20 ans, qui vient de débuter à l'écran dans le premier film de Jean Renoir: *La Fille de l'eau*. Il oscille alors entre ses deux passions: écriture et actorat. Comme souvent avec Prévert, l'amitié est fulgurante. Dès les années 1930, Brasseur joue dans des films écrits par Prévert: *Jeunesse d'abord!* (1935, Jean Stelli), *Un oiseau rare* (1935, Richard Pottier), *Vous n'avez rien à déclarer?* (1936, Léo Joannon; non signé par Prévert), etc. Au début de sa carrière, il incarne fréquemment des gigolos.

La rupture s'opère en 1938, quand Prévert lui écrit un rôle de truand assassin particulièrement abject: Lucien dans *Le Quai des brumes*. Une scène marque les esprits: la gifle claquante et humiliante que le personnage de Jean (Jean Gabin) lui assène. Dans une lettre à son ami Jacques[1], Pierre se remémore le moment où Prévert lui a expliqué son rôle: «Je te revois toujours assis chez "Manière", prêt à me raconter *Le Quai des brumes* avec des précautions oratoires, comme s'il eût été possible que je n'accepte pas. Et sur la pointe des pieds, tu m'as décrit les scènes de gifles comme si j'allais me vexer alors que je ne t'écoutais plus, que je ne regardais que tes beaux yeux, remplis d'eau de mer, de doute, de tendresse, de maladresse. Comme tu étais ému et pur.»

En 1943, le scénariste écrit pour son ami un rôle consistant et mémorable qui le place définitivement sur le devant de la scène: Roland Maillard, le peintre alcoolique de *Lumière d'été* (Jean Grémillon). Jacques sert les acteurs par des rôles qui leur correspondent et qui leur permettent d'exceller. Dans les films de Prévert, Brasseur incarnera la plupart du temps des médiocres et des méchants ; Georges dans *Les Portes de la nuit* (1946, Marcel Carné) ou le grand-duc Ernest dans *Les Amours célèbres* sont d'autres exemples flagrants.

Cependant, Prévert lui propose d'endosser le rôle de Frédérick Lemaître dans *Les Enfants du paradis*. Il pense alors lui faire plaisir en lui confiant un rôle sympathique ; le comédien aurait en effet émis le souhait de changer un peu de registre. Mais Brasseur rêvait d'interpréter un autre personnage du film : Lacenaire le poète-assassin, qui sera incarné par Marcel Herrand !

Ami complice, ami fidèle, compagnon de cafés et de bars, Pierre Brasseur est un admirateur de la première heure des textes de Jacques Prévert. C'est avec émotion qu'il évoque les mots de l'auteur dans son autobiographie : « Jacques, qui faisait couler dans ma tête et mon cœur la substance rare de sa parole en tartine sur de la parole et du bla-bla sur du bla-bla ; l'éclair, le tonnerre sur de la terre et des rires sur ciel gris à propos de n'importe quoi. Cela me coupait la respiration, la raison et le raisonnement et me laissait cadavre au bout de son discours. Je retrouvais cette abondance dans les textes de lui que j'avais à dire et c'était merveilleux[2]. » Après avoir évoqué *Le Quai des brumes*, dans sa lettre à Jacques de 1971, l'acteur ajoute : « Toute ton œuvre est faite de ces courtes rencontres pleines de pudeur et d'amour pour l'homme. Je t'aime Jacques, depuis toujours et pour toujours[3]. »

---

1. Lettre de Pierre Brasseur à Jacques Prévert, 28 mai 1971, Fatras / Succession Jacques Prévert.
2. Pierre Brasseur, *Ma vie en vrac*, Paris, Calmann-Lévy, p. 316.
3. Lettre de Pierre Brasseur à Jacques Prévert, 28 mai 1971.

Vendredi
30
OPTICIEN
Yves
15 h 20

LUNDI

8 heures ~~Hubert~~ "Meteor"

Vendredi
répartition

10 heures
Roger Pigaut

Vertes Avenue

Laissez faire

Peinture -

entend et jazz

télé
PICASSO

le 3

SAMEDI
1

HENRI CROLLA

Mille-pattes

Jacques Prévert a connu Henri Crolla très jeune, alors que ce dernier jouait de la mandoline et du banjo à la terrasse des cafés de la place d'Italie. Enfant des rues, Enrico a fui avec ses parents le régime fasciste de Mussolini ; entre Naples et Paris, il est devenu Henri. Toute sa famille est musicienne : sa mère et son père jouent de la mandoline ; ses frères du banjo et du violon ; ses sœurs chantent. Le « Jazz Crolla » se produit dans le XIIIe, arrondissement où ont émigré les Italiens. Leur voisin de misère est Django Reinhardt. Il remarque immédiatement les talents d'Henri, de dix ans son cadet. Tous deux sont des autodidactes ; ils ne lisent pas la musique.

Découvert par Paul Grimault et Émile Savitry, Henri Crolla est accueilli à bras ouverts par la bande à Prévert, et il se lie d'emblée avec Simone Signoret. Grimault, qui habite avenue de la Sœur-Rosalie dans le XIIIe arrondissement, l'héberge, et lui offre une guitare. Prévert rencontre Crolla en 1942, de retour de Tourrettes-sur-Loup où se tourne *Les Visiteurs du soir*. Il a de suite conscience des talents de guitariste remarquables de celui qu'on surnomme « mille-pattes », tant ses doigts sont agiles sur les cordes. Prévert l'appelle quant à lui « petit soleil », car à ses yeux Henri illumine tous les jours la vie. Un soleil dessiné par Jacques sur une éphéméride ? Un rendez-vous avec Henri !

Le guitariste improvise pendant que Prévert dit ses poèmes. Et puis il met en musique plusieurs textes du poète : la « Chanson des cireurs de souliers » devient « Les Cireurs de souliers de Broadway », dont Yves Montand fera un succès ; l'érotique « Sanguine» s'envole sur les ondes; «Tournesol» est chanté par Montand qui l'interprète à l'écran, accompagné de Crolla, dans le film de Christian-Jaque *Souvenirs perdus* (1950): «Tous les jours de la semaine / En hiver en automne / Dans le ciel de Paris / Les cheminées d'usine ne fument que du gris / Mais le printemps qui s'amène une fleur sur l'oreille / Au bras une jolie fille / Tournesol Tournesol / C'est le nom de la fleur / Le surnom de la fille / Elle n'a pas de grand nom pas de nom de famille / Et danse au coin des rues / À Belleville à Séville[1].» Yves Montand avait un excellent pianiste, Bob Castella. Il a désormais un excellent guitariste, Henri Crolla.

En 1958, dans le court-métrage de Pierre Prévert *Paris mange son pain*, Germaine Montero dit le commentaire de Jacques Prévert, sur une musique d'Henri Crolla et d'André Hodeir.

En 1961, à 40 ans, Crolla meurt en deux mois d'un cancer du poumon foudroyant. Trois ans plus tôt, Jacques Prévert lui a dédié un texte dans lequel son admiration et son amitié profondes sont présentes à chaque ligne. Il se termine de la sorte: «Et toujours la guitare et toujours la musique. / La guitare n'est pas un instrument de musique comme la harpe à queue, le piano domestique ou le lamentorium ou la fraise du dentiste. / La guitare simplement appelle la musique quand la musique appelle la guitare. / Crolla n'est pas un instrumentiste, il a besoin de la musique et l'appelle avec sa guitare, il l'appelle si ingénument, si simplement, si tendrement, qu'elle vient. Et elle fait la belle, la tendre, l'insolite, la sauvage, la lointaine, la désarmante, la déchirante. Crolla l'aide à faire ce qu'elle veut. / Crolla et sa guitare, deux amoureux qui vivent ensemble pour de vrai et pour toujours[2].»

---

1. Jacques Prévert, *Œuvres complètes*, t. I, *op. cit.*, p. 333.
2. Jacques Prévert, *Œuvres complètes*, t. II, Paris, Gallimard, coll. «Bibliothèque de la Pléiade», 1996, p. 804-805.

JEUDI
43.29.83

SAMEDI

Stable
Wiener

télé
Dr Vellay (bague)

Wiener entre 4 et 5 tel Hélène

Baby 38.19

Mats
moeglt

Tele 1966 lts

8 h 19

Nené

Hélène
tel
lundi

ISTANBUL

CHA

VI

JEUDI 4 février 196.

Doisneau

Samedi

[illegible]
[illegible] ?

—

~~[illegible]~~

—

~~[illegible]~~
~~[illegible]~~

—

~~[illegible]~~

—

quai de Bernard

—

ROBERT DOISNEAU

Le pêcheur d'images

En 1946, Robert Doisneau fait la connaissance de deux hommes qui marqueront sa vie et sa carrière : Blaise Cendrars et Jacques Prévert. Ce dernier – de douze ans l'aîné du photographe – l'entraîne à la découverte des rues de Paris et sa banlieue et devient une sorte d'égérie au masculin. « C'était un bon modèle. Il ne composait pas de personnage, mais restait tout à fait détendu, amical, complice. Facile à photographier des gens comme ça ! » explique Doisneau à Yves Massardier en avril 1991[1]. Leurs complices déambulations inspirent celui qui se définit comme un « pêcheur d'images » et non comme un « chasseur d'images ». La terminologie est capitale, tellement signifiante. Doisneau et Prévert arpentent les allées, les ruelles, les boulevards, les terrains vagues, les impasses, les chemins de traverse ; les bistrots aussi. Un jour de 1953, avenue du Général-Leclerc dans le XIVe arrondissement, Robert photographie Jacques, devant la devanture du magasin « MERCDE ». La tête de Prévert cache la lettre « O ». Le mot de Cambronne apparaît. La photographie est connue. Elle a voyagé. Elle est passée à la postérité.

Le poète confie : « Ça dépend beaucoup beaucoup [*sic*] de la gueule du photographe la photographie[2]. » Celle de Doisneau lui plaît. Il est en parfaite confiance amicale à ses côtés, et pleinement respectueux et admiratif : « C'est avec un humour fraternel et sans aucun complexe de supériorité qu'il dispose son miroir à alouettes, sa piégerie [*sic*] de braconnier et c'est toujours à l'imparfait de l'objectif qu'il conjugue le verbe photographier[3]. » Qu'elles soient animées ou fixes, Prévert a un goût prononcé

pour les images. La photographie est un art qui a contribué à construire son rapport au monde et l'a influencé dans son écriture, notamment dans la manière si singulière qu'il a de saisir les petits riens de la vie de tous les jours, tels des instantanés.
Après la disparition de son ami Jacques le 11 avril 1977, Robert Doisneau confie, ému : « Il se sentait en parfaite connivence avec ceux qui, prenant quelques libertés avec l'ordre établi, viennent offrir au piéton flâneur un spectacle permanent et gratuit [...]. Aujourd'hui je cours moins les rues, le pied est peut-être moins aérien mais surtout il me manque celui qui disait : "C'est toujours les rues des plus pauvres quartiers qui portent les plus jolis noms." C'était bien trouvé. » À la question « Quels sont vos poètes préférés ? » posée dans le cadre du questionnaire de Marcel Proust auquel il a accepté de se prêter, Doisneau répond : « Ce matin, Blaise Cendrars, André Frénaud, Boby Lapointe, et Jacques Prévert tous les jours[4]. »
Doisneau rend un hommage posthume à Prévert en publiant *Rue Jacques Prévert* (1992) : beau-livre dans lequel se noue un dialogue entre ses photographies et les textes du poète issus de quatre recueils : *Paroles*, *Histoires*, *Spectacle* et *Soleil de nuit* (1980 ; posthume). *Rue Jacques Prévert* offre pour l'éternité aux lecteurs une vraie conjugaison des regards des deux amis.

---

1. *Europe*, n° 748-749, numéro spécial « Jacques Prévert », août-septembre 1991, p. 51.
2. Émission télévisuelle « Chambre noire », 2e chaîne, 17 octobre 1964.
3. Jacques Prévert, *Œuvres complètes*, t. II, *op. cit.*, p. 632-633.
4. Site « Atelier Robert Doisneau », www.robert-doisneau.com/fr/robert-doisneau/questionnaire/

DIMANCHE 29

Charbonnier

FÊTE

Pierre

mercredi
A
9 heures
slip

Samedi 1 Avril
Montparnasse
Suzanne
Montel
11 h

lundi 18

[illegible]

2 h 30

une dame d'Italie

[illegible]

PALOMA

5 h

[illegible]

3 [illegible]

JEUDI

France P[illegible]
[illegible] –
([illegible])

MICHÈLE
14

[illegible]

MARCEL DUHAMEL

Le troisième frère

Jacques Prévert est incorporé le 15 mars 1920. Quatre jours après, au camp de Saint-Nicolas-de-Port près de Lunéville, dans le 37e régiment d'infanterie, il fait la connaissance d'un Breton qui a la réputation d'engloutir des sandwiches d'araignées ! Pour Jacques c'est d'emblée évident : le jeune homme cherche à se faire réformer. Les deux hommes sympathisent. Il s'agit du futur peintre Yves Tanguy.

Après avoir été nommé caporal le 19 septembre 1920, Prévert part pour Constantinople en 1921. C'est là qu'il rencontre Marcel Duhamel, avec qui il se lie « tout de suite d'amitié[1] ». Mais « le soir même il est au trou[2] », du fait de sa repartie. Duhamel explique que Prévert a « une personnalité si attachante, un tour d'esprit si cocasse en même temps qu'une lucidité et une logique imperturbables, que c'est à qui voudra gagner son estime ». Il ajoute que « même certains gradés sont sensibles à son humour, à son rayonnement, et cherchent à se l'attacher[3] ».

Prévert et Duhamel ne se quittent plus. De retour des servitudes militaires, les deux compères se retrouvent à Paris. En 1924, Pierre et Jacques Prévert sacrent Marcel Duhamel « le troisième frère ». Il sera de toutes les aventures : le mouvement surréaliste, le groupe Octobre, l'Olympiade internationale du théâtre révolutionnaire de Moscou, le premier coup d'essai cinématographique qu'est le court-métrage *Souvenir de Paris* (1928), le premier moyen-métrage qu'est *L'affaire est dans le sac* (1932), etc.

Fortuné, Duhamel se transforme avec plaisir en mécène. Il loue la maison du 54 rue du Château dans le XIVe arrondissement, et permet entre autres à Pierre, Jacques et Yves Tanguy de vivre et de commencer à créer. Il offre au peintre sa première boîte de peinture. C'est l'époque des rencontres : Louis Aragon, André Breton, Robert Desnos, Alberto Giacometti, Georges Malkine, Raymond Queneau, Georges Sadoul... De son côté, Duhamel œuvre comme traducteur : Ernest Hemingway, Edgar Allan Poe ou encore Henry Miller. Il crée en 1945 la collection « Série noire », dont le titre est trouvé par Jacques. Le premier opus est *La Môme vert-de-gris* de Peter Cheyney. En 1972, quand il décide d'écrire son autobiographie, Duhamel la titre d'un adage que son ami Jacques a inventé et appliqué sa vie durant : « Raconte pas ta vie. »

Peu se sont confiés sur l'amitié qui les liait à Prévert. Duhamel en revanche le fait dans son autobiographie. Il se livre sur leur relation, la mettant en perspective avec l'esprit d'une période : « Une telle chaleur dans les rapports, une telle franchise, une compréhension et une entente mutuelles aussi profondes étaient possibles, à cette époque de l'entre-deux-guerres, d'abord parce que l'ambiance s'y prêtait. Il régnait une sorte d'enthousiasme latent pour tout ce qui était neuf, susceptible de bouleverser les conventions, une volonté de remettre en question les valeurs admises. Et à la faveur des circonstances, les "rencontres" prenaient volontiers un caractère explosif. Le massacre de 14-18 avait, par contrecoup, libéré notre jeunesse. Le dernier en date semble avoir refermé celle d'aujourd'hui sur elle-même. À présent les jeunes sont sceptiques et ont quelques raisons de l'être. La confiance totale, l'affection et le don de soi qui ont tout de suite été à la base de nos rapports, entre Pierre, Jacques et moi, sans doute les jeunes générations peuvent-elles difficilement se les imaginer. Maintenant la vie est difficile, autre. Les circonstances ne favorisent plus ces moments d'exception, ni la constance d'amitiés aussi exceptionnelles[4]. »

---

1. Marcel Duhamel, *Raconte pas ta vie*, Paris, Mercure de France, 1972, p. 101.
2. *Ibid.*, p. 99.
3. *Ibid.*, p. 101.
4. *Ibid.*, p. 134.

MERCREDI
jean Aurenche
et la tristesse ..
.. et la gaîté .

LUNDI

~~Jabby – Jabely~~

Francine gallot

~~Peinture~~

télé

coquentin

Piero

Bruxelles

vers deux trois heures : MAZOUT

Lafaye

Galerie Maeght

Jus d'afrans

Jacqueline
René
Djebli
1890

MIRO

JEAN GABIN

Toujours le même, jamais pareil

Un soir de 1931, Jacques Prévert se promène à pied quai de l'Horloge à Paris. Une scène de film se tourne. Il remarque un acteur – dont le visage lui semble familier – qui monte dans un «panier à salade». Ce comédien l'impressionne. Il se dit: «C'est quelqu'un, si je travaillais au cinématographe, j'aimerais bien travailler avec lui[1].» Il s'agit du tournage de *Paris Béguin* d'Augusto Genina. Cet acteur, c'est Jean Gabin. De son vrai nom Jean Alexis Moncorgé, Gabin fait ses débuts aux Folies Bergère en tant que figurant. Remarqué par Mistinguett, il est engagé en 1928 au Moulin Rouge; lieu mythique au-dessus duquel Jacques Prévert habitera à partir de 1955. Les années passent…

En 1937 est sur les écrans le deuxième film de Marcel Carné et Jacques Prévert: *Drôle de drame*. Jean Gabin sort enthousiaste de la projection. Il veut absolument travailler avec une telle équipe. Et il le fait savoir. La productrice Denise Tual évoque leur rencontre: «Entre les deux hommes, ça a collé tout de suite car ils parlaient la même langue, presque sur le même ton. Un langage de la rue, un argot très poétique sans la moindre vulgarité. Ils juraient autant l'un que l'autre mais n'étaient jamais trivialement grossiers. L'un et l'autre venaient du même milieu, se servaient des mêmes images[2].»

En 1938, Gabin est Jean le déserteur dans le troisième film de Carné et Prévert: *Le Quai des brumes*. Il donne la réplique à Michel Simon, Pierre Brasseur et à une jeune fille qui débute: Michèle Morgan. C'est à elle qu'il adresse le désormais célèbre: «T'as d'beaux yeux tu sais.» À la sortie du film, Gabin et Prévert se souviennent avoir attendu ensemble les réactions du public dans un café de la rue des Saints-Pères. Jacques précise avec un clin d'œil: «On avait glissé sur un bouchon de limonade!» Jean ajoute avec humour: «Dans le fond, on était la nouvelle vague de l'époque[3].» *Le Quai des brumes* est globalement bien accueilli. Gabin et Prévert sont très proches. Et à une ressemblance morphologique (stature, taille, yeux bleus) s'ajoutent un mimétisme vestimentaire (casquette de rigueur) et une posture (cigarette au bec) qui créent une troublante impression de gémellité.

L'acteur est le héros populaire par excellence et Prévert aime lui concevoir des rôles sur mesure. Il sera François l'ouvrier-sableur dans *Le jour se lève*, André Laurent le capitaine de remorqueur dans *Remorques* (1941, Jean Grémillon), Henri Châtelard l'homme d'affaires dans *La Marie du port* (1950, Marcel Carné, non signé par Prévert), et il aurait dû incarner Jean dans *Les Portes de la nuit*. Prévert a écrit le rôle pour lui. Il doit l'interpréter aux côtés de sa compagne Marlène Dietrich. Finalement ils se désistent, et c'est un jeune débutant, Yves Montand, qui le remplace au débotté. Jean devient alors Diego, pour justifier l'accent italien de l'acteur.

Au sujet de son ami Jean, Jacques écrit qu'il a «le regard toujours bleu et encore enfantin», qu'il est l'«acteur tragique de Paris / gentleman du cinéma élisabéthain / dans la périphérie du film quotidien» et que «Jean Gabin / c'est l'évidence même / l'évidence même d'un être humain / qui joue son rôle publiquement / devant tant d'autres qui jouent le leur secrètement / et si mal la plupart du temps». «Jean Gabin / Toujours le même jamais pareil / Toujours Jean Gabin / Toujours quelqu'un[4].»

---

1. *Mon frère Jacques* (1961), film de Pierre Prévert, *op. cit.*
2. Yves Courrière, *Jacques Prévert*, Paris, Gallimard, 2000, p. 375.
3. *Mon frère Jacques* (1961), film de Pierre Prévert, *op. cit.*
4. Jacques Prévert, *Œuvres complètes*, t. II, *op. cit.*, p. 630.

gelöst

Mercredi

VICTOR ?

MERCREDI

(1) 10 h 30 — [illegible] Kingston

[illegible]

CASSET → TRAU

6 heures

ELISABETH ROBERT.

Danielle Luft.
18 avenue de Cavendale
9 ans.

– Noël :

LUNDI 26
demain télé
André
Frénaud.
André.
oculiste
Chaussures
René
Wilson journaliste

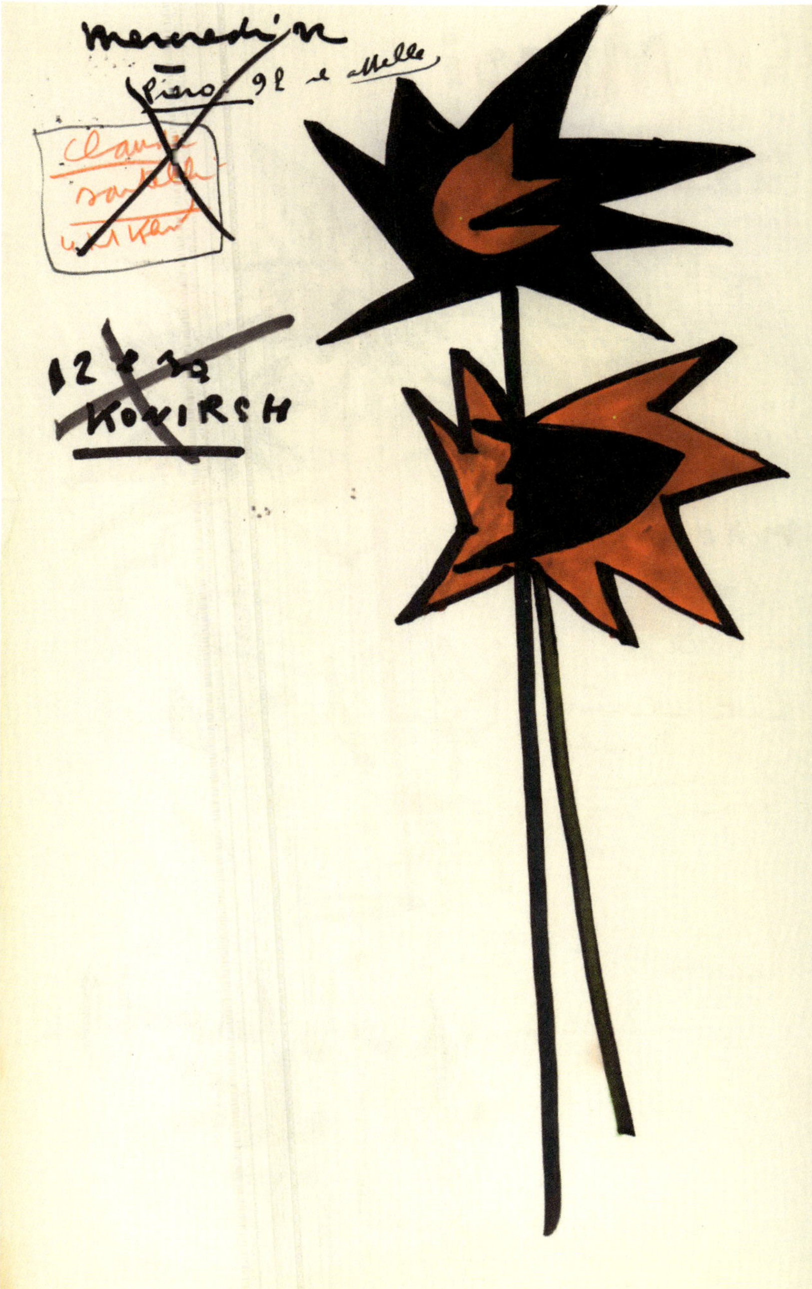
mercredi
KOVIRSH

MARDI

tele Filipacchi
PASSY 77.90

coiffeur

tele

11 h 30

MAECHT

tele

Minette

Corde

ETIQUETTES

PAUL GRIMAULT

Le chat jaune

Comme Jacques Prévert, Paul Grimault a vu le jour à Neuilly-sur-Seine, mais cinq ans plus tard. Comme Jacques Prévert, Paul Grimault a passé des vacances de son enfance en Bretagne. Comme Jacques Prévert, Paul Grimault a travaillé adolescent au Bon Marché. Comme Jacques Prévert, Paul Grimault a œuvré durant sa jeunesse dans une agence de publicité.

Ni l'anaphore ni la comparaison ne s'arrêtent là tant les deux hommes ont des similitudes qui contribuent à leur rapprochement. Mais c'est dans cette agence de publicité d'Étienne Damour que Grimault cerne déjà Prévert: «Il n'a pas fait long feu, il avait envie de garder sa liberté[1].»

Les deux compères ont été présentés par Jean Aurenche, à la brasserie Lipp du boulevard Saint-Germain. Ils deviennent rapidement inséparables. Ils seront ensemble de l'aventure du groupe Octobre, cette troupe de théâtre révolutionnaire dont Prévert est l'auteur de 1932 à 1936, puis de l'aventure cinématographique à laquelle ils vont consacrer leur vie. En 1935, Grimault endosse le rôle d'un typographe dans *Le Crime de M. Lange* de Jean Renoir, coécrit par Prévert. Un clin d'œil amical. Puis ils deviendront à partir de 1948 les magiciens du dessin animé. Cette année-là sonne en effet le début de leur collaboration avec le court conte sans paroles *Le Petit Soldat*. En 1953, c'est au tour de *La Bergère et le Ramoneur* de sortir sur les écrans, mais dans une version désavouée par ses auteurs. En 1957, *La Faim dans le monde* leur est commandé pour l'Exposition universelle de Bruxelles afin de montrer comment l'univers s'est créé et comment la nourriture s'est répartie sur la planète... Le tout en trois minutes! En 1964, Grimault illustre par des images fixes les épisodes violents de *Le Petit Claus et le Grand Claus* des frères Prévert. En 1970 sort le film d'animation anticolonial et antimilitariste *Le Diamant*. En 1973, c'est au tour du *Chien mélomane* de dénoncer la folie guerrière des hommes.

Leur chef-d'œuvre commun demeure bien sûr *Le Roi et l'Oiseau*. Film poétique et engagé, très éloigné des tiédeurs – voire des niaiseries – alors souvent répandues dans l'animation, le long-métrage sort en 1980 dans les salles, trois ans après la disparition de Prévert; il n'aura donc jamais vu la version définitive de *La Bergère et le Ramoneur*. Lors de la première projection, Grimault laisse un fauteuil vide à ses côtés, en hommage à son ami Jacques... Juste avant que le noir ne se fasse et que le film ne débute, c'est Eugénie Bachelot Prévert, petite-fille de Jacques, que Grimault assoit à ses côtés.

Paul Grimault, que son ami Prévert surnommait affectueusement «le chat jaune», disait que Jacques était «un gars formidable», «un soleil!» Et il précisait: «Il parlait beaucoup, oui, et son monologue était prodigieux. Il partait d'une bouteille, d'un morceau de pain, d'un gosse ou d'une fille rencontrée dans la rue... La fantaisie pure, totale. On parle toujours de sa "verve gouailleuse" et de tout ce qu'on dit dans le Petit Larousse, ce n'est pas suffisant. On ne mentionne jamais sa bonté extraordinaire. Jacques était bon, très bon, et très généreux. [...] C'est cette bonté qu'il avait pour le monde, pour l'espèce humaine, les animaux, les enfants, les hommes, les arbres et tout... Quand il râle, quand il proteste, c'est qu'on a porté atteinte à tout ça...[2]»

---

1. Jean-Paul Pagliano (1986), *Paul Grimault*, Paris, Dreamland, 1996, p.111.
2. *Ibid.*, p. 114.

VENDREDI

MERCREDI
11 heures
MOUSTACHE
BABEYOU
Piero Washington
8 heures 30 du soir
café des artistes
Babeyou

JOAN MIRÓ

Une féerie, une vraie

Jacques Prévert et Joan Miró se rencontrent en 1924, grâce au mouvement surréaliste. La maisonnette du 54 rue du Château – où demeurent Jacques et Pierre Prévert, Marcel Duhamel, Yves Tanguy, etc. – est alors une adresse quasiment aussi courue que le café Cyrano de la place Blanche, où André Breton tient ses assises. Les amitiés s'y tissent aisément.

Les membres du mouvement surréaliste soutiennent leurs peintres, et se rendent avec enthousiasme dans les expositions de peinture de la capitale. Au printemps 1925, Miró expose à la galerie Pierre, 13 rue Bonaparte dans le VIe arrondissement. Ernest Hemingway – dont Marcel Duhamel sera le traducteur – s'endette de 5 000 francs pour acquérir un tableau auquel Miró a consacré deux années : *La Ferme*. Cette œuvre est sa première toile importante : elle représente le mas familial de Mont-Roig del Camp en Catalogne. Une impression d'irréel et de surnaturel s'en dégage. À l'automne de la même année, l'artiste participe à une exposition qui fait grand bruit : *La Peinture surréaliste*. Il est exposé aux côtés de Jean Arp, Giorgio De Chirico, Max Ernst, Paul Klee, André Masson, Pablo Picasso, Man Ray… C'est aussi la période de l'atelier de la rue Blomet dans le XVe arrondissement, dans lequel Miró vit avec Robert Desnos, André Masson…

Avec Picasso, Miró est le peintre dont Prévert se sent le plus proche. En 1950, Jacques écrit pour le numéro 29-30 de la revue *Derrière le miroir* un texte sur son ami Joan, qu'il reprendra dans son recueil *Spectacle* en 1951 : « Aux jardins de Miró ». L'hommage est intime et émouvant. À peu près au centre de son texte se trouvent les mots suivants: «Bon voyage Joan Miró / Bon voyage en tes paysages / et rapporte-nous de là-bas des objets de là-haut / Bon voyage dans tes paysages / où l'ombre solaire d'une seule graine de tournesol suffit à réveiller au travers des persiennes de la terre une taupe endormie et soudain éblouie / où les derniers glouglous d'une bouteille renversée suffisent à dessiner sur une nappe de papier une très utile et très charmante petite bacchanale[1].»

En 1961, quasiment quarante ans après leur rencontre, Prévert et Miró décident de faire œuvre commune. Ce sera *Adonides*, du nom de cette plante herbacée aux fleurs rouges que Prévert aime tellement. Ce livre, qui mélange des textes manuscrits de Jacques et des gravures en couleurs à la pointe sèche de Joan, est tiré à 225 exemplaires par Aimé Maeght. Il ne paraît qu'en 1978, un an après le décès du poète. Prévert y livre quelques graffitis dont il a le secret: «Mangez sur l'herbe / Dépêchez-vous / Un jour ou l'autre / L'herbe mangera sur vous», «J'aime mieux / tes lèvres / que mes livres» ou encore «Le temps / mène la vie dure / à ceux qui veulent le tuer». Jacques évoque cette collaboration devant la caméra de son frère Pierre: «C'est un livre fait à la main. Moi j'écris, lui, il grave, il dessine, puis il revient puis fait autre chose par-dessus. Ce sont des graffitis... Son monde à lui... Un monde merveilleux... Joan Miró, les gens disent de lui que c'est quelqu'un. Je ne sais pas si c'est quelqu'un, quelque chose ou quelque être. En tout cas, il ne ressemble à personne mais le monde lui ressemble. C'est le genre Miró, quoi; c'est une féerie, une vraie[2]...»

L'unique édition des deux amis, du vivant de Jacques, est *Joan Miró*, un texte de Prévert et Georges Ribemont-Dessaignes, avec des gravures, des eaux-fortes et des lithographies, publié par Maeght.

---

1. Jacques Prévert, *Œuvres complètes*, t. I, *op. cit.*, p. 371.
2. *Mon frère Jacques* (1961), film de Pierre Prévert, *op. cit.*

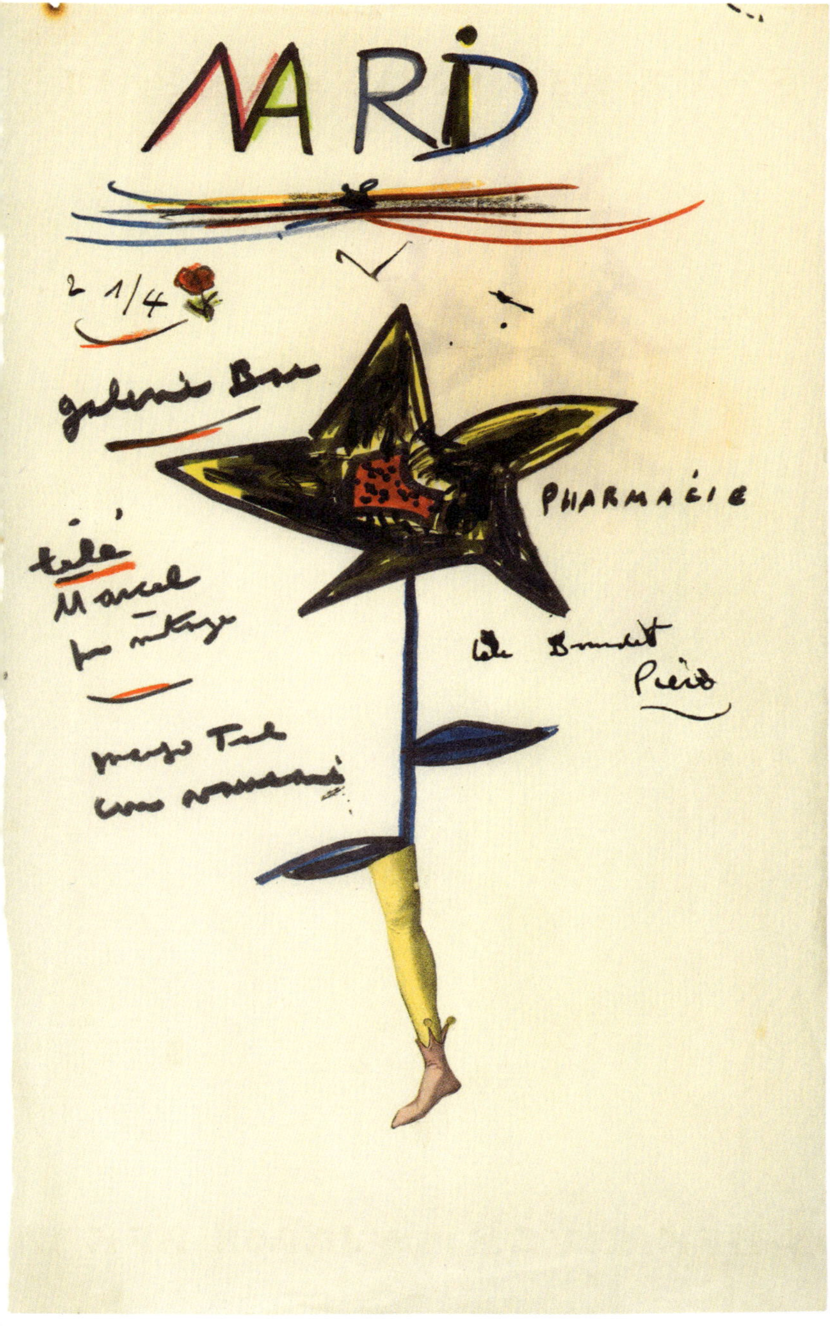
2 1/4
PHARMACIE

28
CLAUDE
BAQUET

MARCEL MOULOUDJI

La mascotte de la « bande à Prévert »
Issus d'une famille très pauvre, Marcel Mouloudji et son frère André sont des enfants livrés à eux-mêmes dans les rues de Paris. Leur mère, bretonne et catholique, les fait baptiser et les inscrit au catéchisme, suite à quoi ils feront leur première communion. Elle sera internée à l'asile de Maison-Blanche. Leur père, kabyle, musulman et communiste, enrôle ses fils chez les Pionniers rouges à la Maison des syndicats de l'avenue Mathurin-Moreau. Marcel et son frère chantent au gré des fêtes populaires du Parti. Un soir à la Maison des Syndicats, le comédien Sylvain Itkine remarque Marcel ; il lui explique qu'un de ses amis cherche un enfant pour jouer dans une pièce de théâtre et l'invite à se présenter 7 rue des Grands-Augustins dans le VIe arrondissement. Cet ami, c'est Jean-Louis Barrault. Cette pièce, c'est *Le Tableau des merveilles*. Signée Jacques Prévert, cette adaptation de Cervantès conserve les deux saltimbanques, Chanfalla et Chirinos, qui arrivent dans une ville espagnole pour présenter aux notables ce qu'ils nomment « le tableau des merveilles », spectacle que seuls ceux qui possèdent certaines qualités peuvent voir... Mais Prévert ajoute des personnages du peuple, notamment celui de l'enfant qui joue de la musique grinçante. Nous sommes en 1936 ; celui qui deviendra « Moulou », la mascotte de la bande à Prévert, a 13 ans. Dans son autobiographie, l'artiste se souvient : « On répétait tard dans la nuit, je restais dormir au grenier dans une longue pièce à gauche. Au petit matin, je prenais le métro et me rendais à l'école. Je passais d'abord chez le père qui ne savait pas que penser de mes escapades. Après

la classe, je manifestais un peu de présence chez nous puis je retournais répéter. Je m'accrochais à cette nouvelle vie. Ces artistes paraissaient si heureux, si libres[1] !» Le «troisième frère Prévert», le mécène Marcel Duhamel, est soucieux de l'éducation de «Moulou»: il inscrit l'enfant à l'École du spectacle de la rue du Cardinal-Lemoine.

La même année, Prévert écrit «Vieille chanson», que Mouloudji doit chanter dans *Jenny*, son premier scénario réalisé par Marcel Carné: «Mangez vos sandwiches hommes riches / buvez votre bière / Mangez vos sandwiches hommes riches / et payez vos verres / Ouvrez la porte et sortez / Celle que j'aimais est morte / J'en ai assez / Elle s'est jetée dans la rivière / la plus belle fille de l'Angleterre / Elle s'est jetée dans l'eau glacée / Disparaissez[2]» en est le refrain. La musique est signée Joseph Kosma. Jugée désobligeante pour l'Angleterre, la chanson est censurée et remplacée par «Je veux vous dire» de Lionel Cazaux. Mouloudji fait aussi l'acteur dans d'autres films écrits ou coécrits par Prévert: *Les Disparus de Saint-Agil* (1938) et *L'Enfer des anges* (1939) de Christian-Jaque, *Adieu... Léonard!* de Pierre Prévert.

Marcel Mouloudji est un artiste polyvalent. À partir de 1947, il se consacre intensément au chant et interprète d'abord des textes de Boris Vian, et de son inséparable ami Prévert, dont il dit: «Il parlait, parlait, passionnément, comme s'il faisait l'amour avec les mots; une cigarette collée à sa lèvre inférieure, sa tête était pleine d'images[3].» «Barbara» est sur son premier disque. Il se produit à Bobino et rencontre un franc succès. Jacques lui écrit alors un joli texte, «Adieu Hawaii», qui fut utilisé pour l'exposition consacrée à l'interprète en mars 1950.

---

1. Marcel Mouloudji, *Le Petit Invité*, *op. cit.*, p. 85.
2. Jacques Prévert, *Œuvres complètes*, t. I, *op. cit.*, p. 813-814.
3. Marcel Mouloudji, *Le Petit Invité*, *op. cit.*, p. 113-114.

VENDREDI

télémichelsap

—

Diner René –

—

Battre Janine.

—

Fesser michèle

—

boire un verre

—

Jane auto critique

—

MERCREDI

VENDREDI 27

René

Alvarez

7.7.7.7

Samedi

TABAC

Dîner

11 h 30

LUNDI

chômage IRA

Luis Rib

Vita et vanity

cavalcanti : lievre

René

Georges

Banque

tour sans manin

Dentiste Michèle 5 heures

Bourges – enregistré

Lalande 22.00,

Sabatier.

Kahlemi

Luc

Luis help

Kahlemi

jolly

lind

claudy

DIMANCHE
Audeville
Manche

PABLO PICASSO

Un ami au futur antérieur, au passé infini

L'année 1900 est marquée par un double événement: l'arrivée de Pablo Picasso à Paris (il est alors âgé de 19 ans) et la naissance de Jacques Prévert à Neuilly-sur-Seine.

Les deux hommes se croisent à l'époque du 54 rue du Château. En 1936, le groupe Octobre répète *Le Tableau des merveilles* 7 rue des Grands-Augustins dans le VIe arrondissement, sous la direction de Jean-Louis Barrault. Peu de temps après, à cette adresse, Picasso entreprend *Guernica.*

Prévert est d'emblée très sensible à la peinture de Picasso. Avant qu'ils ne deviennent des amis intimes, le poète rend hommage au peintre par le biais de plusieurs textes. En mars 1930, dans la revue de Georges Bataille dont le numéro 3, *Documents,* est consacré au peintre, Prévert écrit le texte «Hommage-Hommage». En 1945, trois poèmes de Prévert en hommage à Picasso paraissent avec trois œuvres de l'artiste. On retrouvera «Lanterne magique de Picasso» et «Promenade avec Picasso» dans *Paroles* et «Eaux-fortes» dans *Spectacle*. Le peintre Gérard Fromanger explique que «Jacques avait une fascination totale pour lui. S'il avait un dieu quelque part, c'était Pablo Picasso[1].»

Puis leur amitié devient fructueuse, et le talent des deux artistes s'unit dans des livres. En 1959 sort *Portraits de Picasso.* André Villers photographie le peintre dans son atelier. Prévert écrit: «Quand un ami le photographie, Picasso ne pose pas, il regarde l'appareil et c'est toujours comme un diable d'une boîte qui surgit quand la photo est tirée. / L'ami ne lui dit jamais: "Ne bougez pas, le petit oiseau va sortir", car il sait bien que s'il sortait, le petit oiseau, Picasso le fascinerait[2].» En 1962 *Diurnes* voit le jour, avec des découpages de Picasso, des interprétations photographiques de Villers et des textes de Prévert. C'est dans *Diurnes* que l'on trouve le célèbre portrait-collage de Picasso fait par son ami Jacques. Quant à Picasso, il peindra Prévert à plusieurs reprises. L'un de ses portraits, Prévert l'accroche dans son appartement de la cité Véron, situé au-dessus du Moulin Rouge. Dans la dernière partie de sa vie, Jacques Prévert se consacre principalement à la confection de collages. Il affectionne le dessin, mais il est conscient de ses piètres talents en la matière: «Je crois que je suis doué comme un enfant de 4 ans qui n'aurait pas été doué encore... Je sais faire un bonhomme, un bonhomme et une fleur, mais c'est tout[3].» Il trouve donc en quelque sorte dans le collage son moyen de dessiner et de peindre: «Peintres, chromolithographes, dessinateurs, graveurs, de très loin, mais jamais de trop tard, avec des ciseaux, de la colle, je suis leur collaborateur[4].» Picasso ne s'y est pas trompé. Janine Prévert, la femme de Jacques, rapporte que Picasso, quand il voyait les collages de son ami, affirmait: «Tu ne sais pas peindre mais tu es peintre[5].» Pour les 80 ans de Picasso paraît un texte de Prévert: «À tes vingt ans Pablo / à tes vingt ans d'hier / et à ceux d'aujourd'hui / Tu tiens le bon bout de / la corde du Temps / Chaque jour c'est l'anniversaire / de ta vie / et ta vie se conjugue / allant droit à l'an vert / au futur antérieur / au passé infini[6].»

---

1. *Beaux-Arts Magazine*, hors-série dans le cadre de l'exposition de l'Hôtel de Ville de Paris: *Jacques Prévert*, *op. cit.*, p. 54.
2. Jacques Prévert, *Œuvres complètes*, t. II, *op. cit.*, p. 544.
3. Émission «Continent sans visa», télévision suisse, 1969.
4. Jacques Prévert, *Soleil de nuit*, Paris, Gallimard, 1980, p. 165.
5. Françoise Woimant et Anne Moeglin-Delcroix (dir.), *Les Prévert de Prévert*, catalogue de l'exposition de la collection de l'auteur, Paris, BnF, 1982, p. XV.
6. *Le Patriote de Nice*, octobre 1961.

LUNDI 23
piero
VITA
MUSIQUE
tele
MARGOT
VITA
PIERO
MIRO
9 h
1 h 30
René
MIRO
agatha
4 h 30
6 h

MERCREDI

A. Lanoux + Brunet - Télégoury

10 h 30

(584

2 l

2 l

Noël

Dimanche
Les halles

MERCREDI
Simon
10 h 30
11 heures 30
Evelyne
à partir de 5 heures
les frères Jacques
73.17

PIERRE PRÉVERT

Le frère ami

Jacques Prévert a 6 ans. C'est un garçonnet à la langue bien pendue. Son père lui répète souvent: « T'es pas poli, mais écris-le, mon petit, tu le dis si bien[1]. » L'enfant ne se sent pas très proche de son frère aîné, Jean, qui est sérieux et aime l'école. Mais voilà qu'un autre frère arrive! Cette rencontre avec Pierre est si mémorable que Jacques en fait le récit, sous la forme d'un conte poétique et comique: « C'est en 1906, à Neuilly-sur-Seine, près de Paris, que je vis mon frère Pierre pour la première fois. Bien sûr, je devais le revoir souvent par la suite, mais cette première entrevue me frappa beaucoup. C'était le jour de sa naissance et, l'on a beau dire, c'est une date qui compte dans la vie d'un homme et dans les souvenirs de ses proches. Il était couché dans son berceau et dormait près du lit où ma mère qui était belle comme le jour, dormait aussi. Dans l'appartement, il y avait du monde comme pour les enterrements, des voisins, la concierge, des parents éloignés, le contrôleur du gaz, mon frère aîné, le cousin Séguineau et mon grand-père Auguste le Sévère, et mon père avec ses ennuis d'argent qui discutait sur le palier avec la Cigogne qui avait apporté l'enfant. [...] J'aimais déjà beaucoup mon frère, il m'avait fait très bonne impression. Quand une fée franchit providentiellement le seuil de notre modeste petit appartement et désignant mon frère de sa baguette magique, elle dit: "tu grandiras", et tout le monde cria bravo. Puis, elle poursuivit: "tu feras du cinématographe". À cet instant, l'indignation étouffe mon grand-père, Auguste le Sévère. Le grand-père Auguste le Sévère tançant la fée: "Qu'est-ce que vous dites madame, du cinématographe? Aucun avenir, futilité, billevesées, attrape-nigauds..."[2]»

De retour de son service militaire en 1922, Jacques retrouve son petit Piero, adolescent. Ils deviennent inséparables. Ensemble, ils font leurs humanités dans la rue, participent au mouvement surréaliste du 54 rue du Château et vivent intensément leur amour du 7e art. Pierre est encore plus passionné de cinéma que Jacques. Il s'occupe des affiches chez Erka Prodisco, 38 bis avenue de la République dans le XIe arrondissement, et devient en même temps opérateur, permettant aux copains de visionner clandestinement des films le soir venu.

En 1928, Jacques et Pierre écrivent un scénario sur les déambulations féminines dans la capitale; Pierre le réalise avec Marcel Duhamel; Man Ray, J. Grignon et Jacques-André Boiffard sont les opérateurs. Ce premier coup d'essai cinématographique, c'est *Souvenir de Paris*. Le court-métrage sera repris et retravaillé avec des additions en 1959, sous le titre *Paris la belle*.

Jacques et Pierre œuvreront à trois films pour le cinéma: *L'affaire est dans le sac*, *Adieu... Léonard!* et *Voyage surprise*. Ils porteront aussi à l'écran un autre court-métrage: *Paris mange son pain*. Pour la télévision, ils mènent à bien *Le Petit Claus et le Grand Claus*, *La Maison du passeur* (1965) et *À la belle étoile* (1966). Pierre réalise également *Mon frère Jacques*: six émissions de cinquante minutes diffusées en 1961 par la télévision belge.

La parfaite symbiose qui unit les deux frères amis leur permet de donner naissance à des films très singuliers. Leurs créations sont à leur image: atypiques et critiques, corrosives et anticonformistes. La complicité amicale des deux frères est telle que Serge Reggiani disait: «J'aime Jacques-Pierre Prévert»; il ne parvenait pas à les dissocier.

---

1. «Enfances», *Choses et autres*, in Jacques Prévert, *Œuvres complètes*, t. II, *op. cit.*, p. 215.
2. Conte écrit par Jacques Prévert vers 1946, à l'occasion de la sortie du film *Voyage surprise*, et lu dans *Mon frère Jacques* (1961), film de Pierre Prévert, *op. cit.*

MARDI

marthe Jaubert
été 10 h et
10 h 30

Lola Niérès

Françoise Gilbert
1000 heures

Betty

Piero di Prevento

3 heures atelier de Ossendt

après midi

Muzelet - Balelié

LAFÊTE comme ... / (...)

VIVS

9 heures

EVELYNE

[redacted]

~~Billets~~ R.L.M

—

Télég.

Infirmière ~~Mallet~~ Prof.

cont ~~8/13~~

—

~~Prune~~ tit

~~Mal Mallein~~

12 ~~École~~

PATOUMARI

~~KING-DOM~~

~~P.T.T~~

P.L.M

MARDI
VILLERS
Henry
MIRO

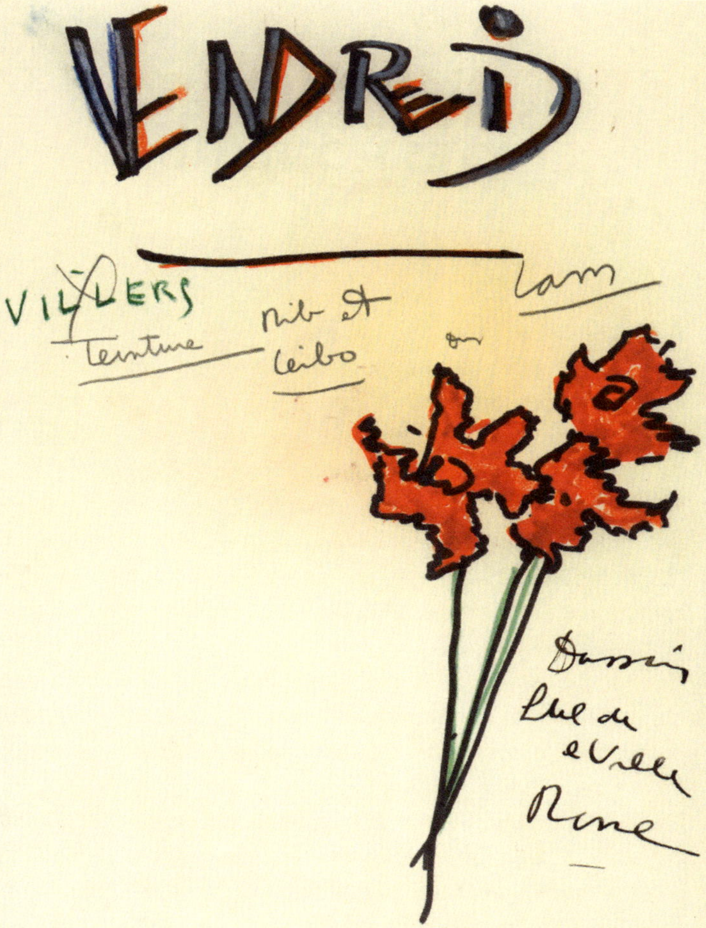
VENDREDI
VILLERS
Teinture
Lam

SIMONE SIGNORET YVES MONTAND

À la Colombe d'Or...

Au Café de Flore boulevard Saint-Germain, Simone Signoret «apprenait Jacques, qui n'était pas là». Tous les souvenirs «de rires, de tendresse, de vacances, de scandales courageux, de fêtes, c'était Jacques. On aura compris, Prévert[1].» Elle n'a pas vu *Le Crime de M. Lange* de Jean Renoir. Elle n'a pas vu non plus *Drôle de drame* de Marcel Carné. Elle n'a pas encore rencontré Jacques Prévert, qui en est le scénariste. Mais c'est comme si elle le connaissait déjà puisqu'elle fait sa connaissance tous les jours *via* ses amis: Jean-Louis Barrault, Roger Blin, Raymond Bussières, Henri Crolla, Sylvain Itkine, Fabien Loris, Marcel Mouloudji... «Je pensais comme lui, je parlais comme lui, je riais aux mêmes choses que lui, je l'avais appris par cœur à travers ceux qui l'aimaient[2]...»

Et c'est tout naturellement que la rencontre se déroule en 1942: Signoret fait une furtive apparition lors de la scène du bal – aux côtés d'Arletty, de Marie Déa, d'Alain Cuny et de Jules Berry – dans *Les Visiteurs du soir* de Marcel Carné. En 1943, elle rencontre Yves Allégret, qui faisait partie du groupe Octobre. Signoret et Allégret se marient en 1948.

Yves Montand a incarné Diego dans *Les Portes de la nuit* de Marcel Carné en 1946, remplaçant au dernier moment Jean Gabin pour qui Prévert avait écrit le rôle. «Ma chance, ma grande chance, c'est de rencontrer Prévert. [...] C'est un soleil, Jacques, avec son visage rond, son nez rond, ses yeux ronds, des yeux bleus de clown, et son chapeau rond toujours en arrière [...], je l'admire beaucoup, et ensuite je l'aime[3].» Plus tard, Montand chantera ses textes, souvent mis en musique par Joseph Kosma. Après Cora Vaucaire, il interprétera «Les Feuilles mortes»; le chanteur se souvient qu'il a mis quatre ans avant de pouvoir imposer ce titre sur scène à un public qui n'était alors pas emballé.

Le 19 août 1949, le pianiste Bob Castella, le guitariste Henri Crolla et Yves Montand dînent à la Colombe d'Or, auberge de Saint-Paul-de-Vence. Montand raconte: «Et Jacques Prévert entre en compagnie d'une femme. Elle a les pieds nus et s'est habillée en style "gitane", avec une jupe à fleurs et un caraco noué. Je la trouve outrageusement maquillée, comme on se maquillait à l'époque, où l'on abusait du rouge à lèvres; je pense que c'est dommage de peindre une bouche pareille. Ils s'approchent. Crolla est son ami de longue date. Il nous a présentés[4].» Cette gitane, c'est Simone Signoret. Et c'est le coup de foudre.

Le 22 décembre 1951 est célébré en ce lieu le mariage de Signoret et Montand. Jacques Prévert et Paul Roux, le propriétaire de l'hôtel-restaurant, sont leurs témoins. Pendant ce temps, deux petites filles de 5 ans – en l'occurrence Minette (fille de Jacques et Janine Prévert) et Catherine (fille de Simone et Yves Allégret) – fument leur première cigarette, «sous l'œil accablé de quelques passantes qui suffoquaient d'indignation: "Oooh! Mes petites filles, vous n'avez pas honte de fumer à votre âge?" "Mais madame, on n'est pas des petites filles, on est des naines!" avait rétorqué Minette de sa voix traînante, tout en soufflant négligemment sa fumée de cigarette. Elle avait déjà l'esprit de son père[5]!» raconte Catherine Allégret.

---

1. Simone Signoret, *La nostalgie n'est plus ce qu'elle était* (1976), Paris, France Loisirs, 1977, p. 57.
2. *Ibid.*
3. Yves Montand, *Montand raconte Montand*, Paris, Seuil, 2001, p. 101.
4. *Ibid.*, p. 122.
5. «Prévert... vu par Catherine Allégret», in *CinémAction*, n° 98: Carole Aurouet (dir.), *Jacques Prévert, qui êtes aux cieux*, Condé-sur-Noireau, Corlet/Télérama, janvier 2001, p. 154.

Vendredi 23

(1)

~~Hugues Desalle appelle~~

2

~~Maurice des Monstres appelle à déjeuner –~~

– Jolab?

citizen Kane
chez élysées

MARDI
maltête
11 h 30
Déjeuner
Arletty

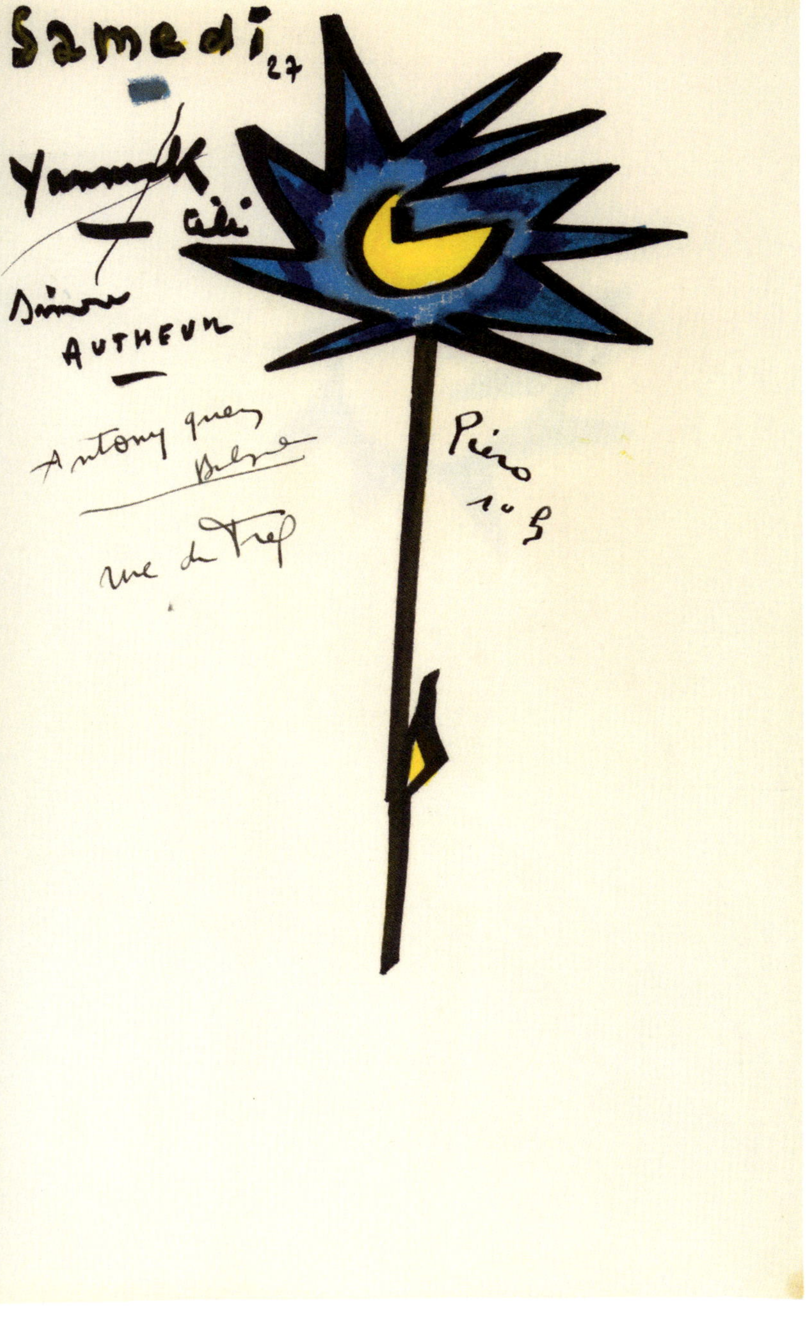
Samedi 27
AUTHEUR
Piéro

Samedi 20

2 heures
cour Vaneau

3 h,
répétitions
Fatras

ALEXANDRE TRAUNER

Le magicien des décors

Alexandre Trauner quitte Budapest en 1929, pour fuir le régime de Horthy. Beaucoup de Hongrois s'exilent à Berlin et aux États-Unis. Trauner choisit Paris. Pourquoi un tel choix? D'une part parce que la capitale est une ville pour artistes; et d'autre part parce que la France est la patrie de Matisse, à qui il voue une immense admiration, et dont il a très envie de voir les toiles. Trauner a été admis à l'École des beaux-arts de Budapest en 1923, en section peinture. Après un baccalauréat scientifique il a en effet réussi ce concours difficile. Dès l'âge de 19 ans, il expose dans des galeries. Quand il arrive en France, à 22 ans, il s'inscrit à la Sorbonne pour étudier les mathématiques et la physique. Mais très vite il va travailler pour le cinéma.

En 1932, Pierre et Jacques Prévert projettent leur film *L'affaire est dans le sac* à René Clair aux studios d'Épinay. Sont également présents le décorateur Lazare Meerson et son jeune assistant, Alexandre Trauner. Après la projection, tous dînent ensemble. La rencontre a marqué Trauner: «Moi, j'étais à côté de Jacques, que je ne connaissais pas. En plus, je ne parlais pas très bien le français alors que lui parlait beaucoup et très vite. Mais on est tout de suite devenus de grands amis. […] Cette rencontre avec lui, ça a vraiment été le plus grand bouleversement de mon existence parce qu'à travers lui j'ai connu les gens les plus passionnants, les plus vivants, les plus gais qu'il m'ait été donné de rencontrer à cette époque. Des gens complètement désintéressés qui pratiquaient une forme d'anarchisme et en même temps étaient des créateurs[1].»

Les deux amis œuvrent à bon nombre de films, de *Ciboulette* (1933) de Claude Autant-Lara à *Le jour se lève* en passant notamment par *Drôle de drame* et *Le Quai des brumes*. Trauner est aussi le décorateur des *Visiteurs du soir* et des *Enfants du paradis* ; cinq longs-métrages du fameux duo Carné-Prévert. Étranger, juif et anti-vichyste, Trauner n'est pas autorisé à travailler pendant l'Occupation. Prévert et ses amis lui permettent de le faire sur ces deux derniers films. C'est aussi le cas pour le compositeur Joseph Kosma ; d'autres seront crédités à leur place au générique. C'est un acte d'amitié très courageux. Une telle attitude n'est évidemment pas sans danger. Dans une bastide retirée au-dessus de Tourrettes-sur-Loup, le Prieuré des Valettes, les artistes vont travailler dans la clandestinité, grâce à la solidarité de plusieurs membres de l'équipe. Évoquant cette période, le magicien des décors qu'est Trauner déclare sans ambages qu'il « a survécu à la guerre grâce à lui [Jacques Prévert][2] ».

Il sera aussi le décorateur de Bertrand Tavernier, Luc Besson ou encore Claude Berri et fera également une brillante carrière aux États-Unis auprès de Howard Hawks, Billy Wilder, Joseph Losey, Orson Welles…

Dans la dernière partie de sa vie, Alexandre Trauner s'installe à Omonville-la-Petite en Normandie, dans ce petit bout du monde qu'est la pointe de La Hague. En 1971, Prévert y rejoint son ami, qu'il nomme « Trau ». Leurs maisons ne sont distantes que de quelques mètres. Aujourd'hui, ils sont enterrés tous les deux dans le petit cimetière du village.

---

1. Alexandre Trauner, *Décors de cinéma*, *op. cit.*, p. 28.
2. Entretien avec Alexandre Trauner par Michel Ciment et Isabelle Jordan, in *Positif*, n° 223 et 224, octobre et novembre 1979, p. 16 (n° 223).

VENDREDI
BRUNET
PIPART ?
TELE QUENEAU
"candide"
MOULOU
RAYMOND

LUNDI
VASARELY

MARDI
Henri
lundi
pour travail
Teinturier
4 h
Disque
Vega

VENDREDI
MAX
ERNST
17 h
JABELY
(bien chaud . bien chaud .)

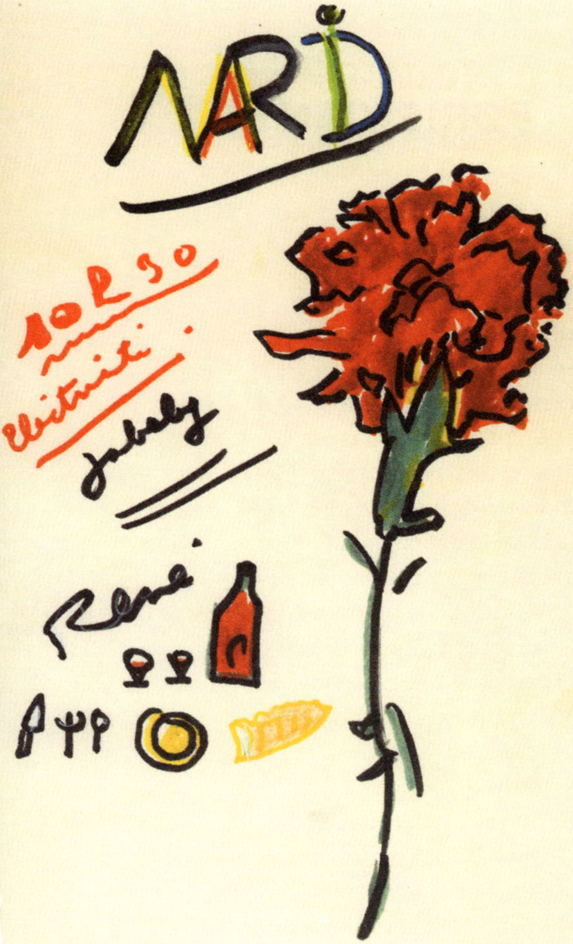
10 R 30

BORIS VIAN

Le troisième Satrape

En 1952, Boris Vian intègre le Collège de 'Pataphysique, où il est fait Satrape. Jacques Prévert y entre à son tour en 1953, en qualité de «fabricant de Petits Plats dans les Grands». Il est admis au sommet de la hiérarchie pataphysique, aux côtés de Marcel Duchamp, Raymond Queneau et Boris Vian. Le Collège de 'Pataphysique le félicite pour la définition de l'humour qu'il a donnée dans *La Nef*: «Depuis trop longtemps on prenait l'humour à la légère, il s'agit maintenant de le prendre à la lourde[1].» La 'Pataphysique – cette «science des solutions imaginaires» – a été illustrée par Alfred Jarry dans la personne du Docteur Faustroll. Le Collège de 'Pataphysique est fondé en 1948. Le calendrier pataphysique entre alors en vigueur: l'ère pataphysique commence le 8 septembre 1873.

À partir de 1955, Boris Vian et Jacques Prévert sont voisins. Des dépendances du Moulin Rouge ont été transformées en deux appartements qui partagent une immense terrasse à ciel ouvert, qui domine les ailes du célèbre cabaret de la place Blanche. L'idée d'habiter dans les anciennes loges des danseuses n'est pas sans déplaire au poète. C'est sur cette terrasse que se tiendront plusieurs réunions du Collège de 'Pataphysique. Elle deviendra «la terrasse des trois Satrapes», car Ergé, la chienne de Prévert, reçoit à son tour son diplôme de pataphysicien. Le 22 Palotin 80 du calendrier pataphysique, l'Autorité et le Magistère du Docteur Faustroll, «curateur inamovible du Collège de 'Pataphysique», admettent l'animal comme «Satrape dudit Collège avec les sublimes Privilèges que de Droit».

Boris et Jacques s'entendent à merveille. Ils passent de longues heures à discuter sur leur terrasse. De santé fragile, Vian sait qu'il ne vivra pas longtemps. Le 23 juin 1959, il se rend à l'avant-première de *J'irai cracher sur vos tombes*, le long-métrage réalisé par Michel Gast et adapté du roman qu'il a signé sous le pseudonyme de Vernon Sullivan. L'écrivain, qui n'apprécie pas l'adaptation qui en a été faite et qui a souhaité que son nom ne figure pas au générique, se rend à la projection dans un grand état de contrariété. Après quelques séquences, il est victime d'une attaque cardiaque. On l'évacue de la salle. Il décède quelques minutes plus tard, l'année de ses 39 ans. Jacques est incontestablement très atteint par la disparition de son ami Boris.

En 1960, dans les *Dossiers du Collège de 'Pataphysique*, il adresse une « Lettre à Boris », comme s'il cherchait vainement à poursuivre le dialogue avec son ami : « Paris 24-26 Palotin 87 / Vendremanche 13-15 mai 1960. / Mon cher Boris, / Que deviens-tu ? La dernière fois que je t'ai vu, en voisin, cité Véron, c'était devant le cerisier et nous parlions de lui très affectueusement, c'est si rare aujourd'hui, les cerises à Paris. [...] / Je t'embrasse, mon cher Boris, à bientôt ou tard. / Ton ami : Jacques Prévert[2]. »

En mai 1964, il lui dédie le poème « À Boris » : « [...] Boris jouait à la vie / comme d'autres à la Bourse / aux gendarmes et aux voleurs / Mais pas en tricheur / en seigneur / comme la souris avec le chat / dans l'écume des jours / les lueurs du bonheur / Comme il jouait de la trompette / ou du crève-cœur / Et il était beau joueur / sans cesse il remettait sa mort / au lendemain / Condamné par contumace / il savait bien qu'un jour / elle retrouverait sa trace / Boris jouait à la vie / et il avait des bontés pour elle / Il l'aimait / comme il aimait l'amour / en vrai déserteur du malheur[3]. »

---

1. *La Nef*, n° 71-72, décembre 1950-janvier 1951.
2. Jacques Prévert, *Œuvres complètes*, t. II, *op. cit.*, p. 458.
3. *Ibid.*, p. 119.

Dimanche
11 h
IRIS
Max Ernst
6 h

Jeudi

[illegible]

[illegible]

VENDREDI
giacometti
Walter

Jeudi 21

Blaise Gautier
abeille
+ conclusions par sale

4 h
Ranelagh
Cartier Bresson

Vendredi . 27
coiffeur
9 heures
SACEM
CHEVEUX
SDRM
stylo

L'auteur et l'éditeur remercient
Zahir Abela, Eugénie Bachelot Prévert,
Catherine Prévert et Daniel Vogel,
Mathilde Deneux et Anne Remlinger.

Éphémérides :
Collection privée Jacques Prévert

Clichés : Youngtae

Photogravure : Quat'coul, Avignon.
Achevé d'imprimer en août 2012
sur papier Lessebo design 115 g
sur les presses de l'imprimerie
Just Color à Barcelone
Espagne.